图说中国非物质文化遗产

中国最美 第三辑

原始瓷

主　编　王海霞
副主编　邰高娣
本册著　贾　薇

长江出版传媒
湖北美术出版社

序

王文章　中国艺术研究院院长
　　　　中国非物质文化遗产保护中心主任

随着中国非物质文化遗产保护工作的推进，广大民众对中国非物质文化遗产保护的关注度、参与度越来越高。非物质文化遗产保护已然成为中国文化界乃至中国社会的重要事项。在现代化进程中，人们已经看到，由于生活环境的改变和生产方式、生活方式的变化，产生于传统农业社会的非物质文化遗产正在急剧消失，这种现实将会给人类社会可持续发展带来不可挽回的损失。因之，全面保护非物质文化遗产，尤其是让广大青少年认识到中华民族优秀传统文化的精粹性、珍贵性和保护它的重要性，已经成为全社会的共识。

2003年10月17日联合国教科文组织通过的《保护非物质文化遗产公约》指出："非物质文化遗产世代相传，在各社区和群体适应周围环境以及与自然和历史的互动中被不断地再创造，为这些社区和群体提供持续的认同感，从而增强对文化多样性和人类创造力的尊重。"非物质文化遗产在自然衍变中呈现的形态是丰富多样的，这充分反映了文化的多样性。世界各国都有自己的传统民族文化，中国的民族民间文化是我们的母体文化，它延续了我们几千年的文化传统，一直到今天，从未断裂，它寄托了大众的生活观念、审美理想、精神情感，承载着中华文化的基因和血脉，呈现出中华民族屹立于世界文化之林的独特个性。我们丰富的非物质文化遗产，从一个方面充分而又集中地体现着中华民族的文化精神。《图说中国非物质文化遗产》之"中国最美"系列的编撰，即是想从非物质文化遗产丰富的门类中，选择部分具有视觉美感的传统美术和手工艺作品，对构成其形态的传统制作技艺进行描述和分析，让读者特别是青少年读者认识其珍贵而又独特的价值。这些美好的传统艺术蕴含了人们的创造智慧，表达了中华民族的审美心理和人们对幸福生活的美好向往。

在人类社会现代化进程不断加快、科技快速发展和全球经济一体化的时代，越来越多的民族、地区和人口被纳入到世界变化的总体格局之中。保护人类文化的多样性，是与人类社会的可持续发展紧密相连的。而保护各个民族那些民间土壤上生长的、具有独特创造性和蓬勃生命活力的民间艺术，是人类文化保持生生不息生命力的重要保证。作为中华民族的子孙，我们应该认识和珍视自己传统的优秀文化遗产，并为传承和发展它们努力贡献自己的力量。我想，广大读者包括青少年读者会从这套丛书中感受到编著者的希望。

目录
CONTENTS

002　一、原始瓷的历史沿革
003　　1. 商代
005　　2. 第一个高峰期——西周中晚期—春秋早期
008　　3. 第二个高峰期——春秋晚期—战国早期
009　　4. 汉代

010　二、原始瓷的类别与产地分布

013　三、原始瓷的制作工艺及保护传承

016　四、原始瓷赏析
016　　1. 仿礼器
057　　2. 仿乐器
064　　3. 仿兵器与农具
066　　4. 日用器
079　　5. 仿生世界

081　**后记**　王海霞

一、原始瓷的历史沿革

中国古人创造了无数奇迹。四大发明众所周知，但它们只是其中的一部分。瓷器，也是世界公认的中国人的伟大发明，世人把它们叫作"china"。它的最初形态，就是"原始瓷"。原始瓷创烧于商代前期，历经千年生产，战国中期衰落，东汉以后发展成为"成熟瓷器"。

基于古陶制作的经验，古人使之升华而创造了原始瓷。原始瓷使用泥条盘筑、轮制成型、器表施釉及高温烧制（温度达到1200℃以上）的工艺，装饰取法自然，纹样包罗万象，创作随心所欲，制作千变万化，是先秦时期艺术天地的一朵奇葩。目前考古发现的产地，主要集中在江南吴越地区。从器物型饰、品类中，可看出较为鲜明的民族信仰与精神，洋溢着浓郁的远古气息。在其发展过程中，曾大致出现两次创作高峰，即西周中晚期至春秋早期、春秋晚期至战国早期。然而前后两个时期审美风格迥异。第一个时期造型古拙、装饰繁缛。第二个时期品类丰富，以形取胜，除日用器外，更有瓷仿礼器、乐器，瓷仿青铜兵器、农具等，仿得精美绝伦，惟妙惟肖，妙趣天成——泥条的可塑性被发挥到了极致。

我国著名考古学家安金槐先生认为，只要具备以下几个特征就可以算是瓷器：（一）胎骨是用高岭土做成，有的胎骨也羼有石英或长石等粉末；（二）有光亮的釉；（三）质坚硬、火候高，叩之作金石声；（四）胎骨不吸水分。2004年12月，江苏无锡考古发现战国时期大型越国贵族墓葬，出土了上千件高质量原始瓷，其造型多姿，品类多样，体系完整。由此引发世人对这一物质文化的关注。2007年3月，在浙江省境内又考古发掘出烧造原始瓷的德清火烧山窑址，其中不仅有窑床、窑具等，还出土了品类丰富的瓷器。所出器物，遍施青釉，釉色清亮，造型大气，工艺精美，有的堪与后期瓷器媲美。很多考古学家观后不禁慨叹，它们已经达到"成熟瓷器"的水平，甚至可以直接称为"青瓷"。

原始瓷的产生，为后世瓷器的创作，不仅做了观念与技术方面的准备，更是开了器上施釉的先河。纵观后世瓷器发展，陶瓷艺术领域呈现出百花争艳的审美态势，从魏晋青瓷到唐宋三彩、磁州黑白瓷，乃至元明清的多彩瓷等，它们无不是原始瓷的生命延续。自古瓷器不仅被中国人所应用和青睐，而且历史上很早就已出口国外。时至今日，人们仍在享受瓷器所带来的种种快乐。没有原始瓷就没有后世异彩纷呈的瓷器。换言之，原始瓷可谓当之无愧的人类瓷器"鼻祖"。

1. 商代

　　商代原始瓷处于瓷器发展初期，品类单一，少饰纹样。但比之铜器，具有清洁卫生、制作简单、原料易得等优点，一出现便博得贵族阶层的喜爱。原始瓷多集中出土于作为统治中心的都城遗址或贵族墓葬内，它们常与青铜器、玉器伴出。由于数量较少，主要为当时统治者专享。尊是此时期的主要种类，敞口、长颈、深腹，器形单纯且大。

　　它，生于距今久远、奇诡神秘的商代，古朴中透着素雅，沉稳中透出大气。千年的岁月将它摩挲得色釉斑驳，却也沉淀出一身虚怀若谷。它——原始瓷——是火焰带给泥土的升华，是那暗昧荒蛮时代的地平线上溢出的熹微曙光。

作品名称：原始瓷双系尊
年代：商代（公元前16世纪～公元前11世纪）
规格：通高19.8厘米，口径24厘米，底径15厘米
萧山博物馆藏

作品名称：原始瓷圜底罐

年代：商代早期（公元前 16 世纪~公元前 15 世纪）

规格：通高 12 厘米，口径 10 厘米

坐忘斋藏

黑黝黝的一只罐，看不透的是它的内涵。在今人眼中，它或许显得粗拙不堪；而在古人看来，它却是大地瑰宝，着实憨厚可人。那外壁残存些许斑驳的色釉，可见隐约的纹饰，钩织着殷人的敬畏与虔诚；交错纵横的空间中，藏着那个如神话般的朝代。

2. 第一个高峰期——西周中晚期—春秋早期

此一时期的原始瓷，大多出于带有吴越地区葬俗特点的土墩墓中，这类墓葬遍及宁镇、太湖地区等。沿用泥条盘筑与慢轮技术，制作、烧造技术已完全成熟。出现大量的包括平底尊形器、罐、鼎、簋、卣等在内的礼器类器物。器形巨大，风格古拙，制作规整，胎釉结合好，釉色清丽，玻璃质感强，代表了这一时期窑业的最高制作水平。装饰工艺复杂，大多数礼器类器物装饰有繁缛的纹饰。

要想触摸古人的手、体验时光的穿梭，那就来欣赏这件原始瓷罐吧。泥条盘筑的罐内壁，竟然留下了数千年前工匠的手印！罐外壁模印夔龙纹，沿着夔龙眺望的方向，还游走着古人虔诚的信仰。这一切是不是很神奇？泛着清丽光泽的釉面传达着温润的质感，古人的温度虽已冷却，但却留下了永恒的美，直抵我们心灵深处。

作品名称：原始瓷罐
年代：西周（公元前 11 世纪~前 771 年）
规格：通高 18.2 厘米，口径 10 厘米，底径 16 厘米
坐忘斋藏

作品名称：原始瓷蟠龙鼎

年代：春秋早期（公元前770年~前476年）

规格：通高11厘米，口径13.8厘米

坐忘斋藏

这是一只侈口、扁鼓腹、有着外撇三矮足的原始瓷蟠龙鼎。浑身的锥刺纹、挺立的"棱"格外显眼，它是工匠们对于艺术形式的一次新挑战。尤其是那凹凸不平的质感、密密麻麻的排列，不仅构成一种突破性的立体感，也是一种艺术语言的表达，即以这种大象无形的艺术形式，充分表现出古人对无处不在的神龙的崇拜。

卣出现于商代早期，甲骨文及金文都有此字。作为一种酒器，卣的造型可谓千变万化，尤其是青铜卣，更是瑰丽多姿、穷工极巧。这件原始瓷卣造型朴素，通体排印着不算规则的重圈纹，像涡纹，亦像水晕在湖中散开，散发出一种自然古拙之美。

作品名称：原始瓷卣
年代：春秋早期（公元前770年～前476年）
规格：通高33厘米，口径21厘米，底径15.8厘米
坐忘斋藏

3. 第二个高峰期——春秋晚期—战国早期

品类繁多，以形取胜，是此一时期原始瓷器的特点，在胎釉、形饰、制作、烧造等方面均达到了发展的顶峰。产品广泛使用，造型精神劲健，仿器类更是做得出神入化，真正创造了化腐泥为佳器的神话。作品质量很高，有的完全可与东汉成熟青瓷媲美。

作品名称：原始瓷提梁盉

年代：春秋—战国（公元前 770 年～前 221 年）

规格：通高 22 厘米，口径 6.5 厘米

坐忘斋藏

艺术与信仰具有千丝万缕的联系，这点从古人所使用的礼器中可以很清楚地看到。正如这件原始瓷提梁盉的造型，是与战国时期人们的宇宙观紧密结合的，它将青龙、白虎、朱雀、玄武的形象高度抽象化，表现了对于天地四方之灵的崇仰。

4. 汉代

公元前334年～前333年，楚灭越，越国文化融入楚文化。战国中期以后，吴越地区原始瓷生产逐渐衰落。西汉建立，制瓷业在越地再次兴起，艺术面貌中融入楚汉元素，造型、装饰意韵都发生极大改变。汉代原始瓷在器形、釉色、品类上，均与前期出现较大差异。

这件蒜头瓶出自汉代，气质优雅，体态端庄，就如汉儒所倡导的那样温柔敦厚。那挺拔的脖颈上端起一朵小巧精致的蒜头，好似花开枝头；再瞧那鼓腹一圈圈的弦纹荡漾在碧色的釉上，真令人不禁想起曹植《洛神赋》中的那句"灼若芙蕖出渌波"，当真是美极了。

作品名称：原始瓷蒜头瓶

年代：汉代（公元前206年～公元220年）

规格：通高29.8厘米，口径2.8厘米，底径13.1厘米

坐忘斋藏

二、原始瓷的类别与产地分布

商代原始瓷主要出土于河南、江西、山东、福建、浙江等省。品类以尊、豆、簋为主。西周时期的原始瓷，出土区域除了上述省份外，还包括北京、河北、山东、河南、陕西、山西、甘肃、安徽、湖北、上海、江苏、浙江、江西、福建等地。此时的器物增加了许多新的品种，常见器形有罍、尊、豆、簋、卣、盘、罐、碗、盂、盉、钵等。

西周晚期后，分布呈现北少南多的特点。及至春秋时期，北方原始瓷几乎绝迹。南方吴越地区成为此一时期原始瓷的重要产地，一类瓷仿礼器，与大量日用器并存。直到东汉末期成熟瓷器产生以前，原始瓷的使用范围仍以南方为主。

战国原始瓷盖鼎

战国原始瓷罐

战国原始瓷壶　　　　　　春秋原始瓷尊

原始瓷 | 011

战国原始瓷牺鼎

战国原始瓷净手器

三、原始瓷的制作工艺及保护传承

　　萧山位于浙江省北部，历史上曾隶属于古越绍兴，是古代越文化的重要组成部分。在其境内已发现近二十处春秋战国时期烧造原始瓷的窑址。它也是我国瓷器的重要发源地之一。历经千年发展，越地原始瓷生产在秦汉时期走到低谷。之后成熟瓷器崛起，以越窑青瓷为代表的制瓷业迅速地成长。从此，瓷器的生产历史翻开了崭新的一页。

　　与现代瓷器相比，原始瓷的胎质粗松，烧结程度不稳定，胎釉结合较弱，釉面亚光，釉层厚薄不均，有的凝聚成点状颗粒，加之来自数千年岁月的侵蚀，器物大多呈现一种古朴沧桑之美。若想重现其美，难度很大，因为仿制工艺的实施比烧制现代瓷器更为复杂，更难把握。为了使之传承下来并继续发扬光大，萧山博物馆在馆长施加农的带领下，把恢复原始瓷作为一项重要课题。研究人员自2007年开始研制商周原始瓷制作工艺，采用萧山本地矿物原料，历经数百次的配方、制作工艺调试。如今，他们不仅努力再现了2500多年前烧制原始瓷的工艺，还成功仿制出战国原始瓷鼎。此项工作意义深远，为保护和传承"瓷祖"这一曾造福全人类的优秀物质文化，做出了积极的贡献。

仿制战国原始瓷鼎的工艺流程如下：

　　1. 原料采集与加工。将从萧山本地山上开采的瓷石挑选、粉碎，和瓷土按一定配比，投入球磨机研磨。当研磨至规定的细度时，放出泥浆，经压榨滤水、练泥陈腐，待用。

萧山本地山上开采的瓷矿石

用现代机械练泥

萧山本地出产的瓷土与瓷矿石配比调和

2. 拉坯成型。取一定量的泥段，用手工拍打成柱形，在拉坯车上慢慢地拉制成指定的器身，然后粘接侧耳和底脚，经修坯，阴干。

拉坯

粘接双耳

粘接底足

3. 施釉。施釉方法视坯件的形状大小、釉层厚度而定。施内釉时，采用荡釉的方法；施外釉时，采用浸釉的方法。

施内釉

施外釉

4. 烧制。待施好釉的坯体干后，装入窑中，用较高的温度烧制。

用现代窑炉烧成产品

5. 成品。仿战国原始瓷鼎烧制完成。

四、原始瓷赏析

1. 仿礼器

青铜器自古归王侯将相所享用。商周时期的原始瓷,在形、饰上,很多受到青铜器的影响。春秋战国时期,吴越地区的先民把仿器工艺提高,种类范围扩大,使作品更加精彩纷呈,不仅仿铜器、玉器,还仿兵器、农具等。均仿得惟妙惟肖。

作品名称:原始瓷罍

年代:西周(公元前11世纪~前771年)

规格:通高19.5厘米、口径8.5厘米、底径11厘米

坐忘斋藏

罍的造型同样可上溯至新石器时代。牛河梁遗址曾经出土距今约5500年的带盖彩陶罍;相去不远的日照两城镇遗址也发现了距今4000年以上的属于龙山文化的黑陶罍。至商周时期,青铜罍成为常见的酒器,其形状为方形与圆形两种。下图中的原始瓷罍制作于西周早期,造型端庄,釉色青绿,釉质稍显粗糙,腹以上饰有简单抽象的纹饰,反映瓷器这一崭新材质在历史舞台上初出茅庐时的青涩与稚嫩。

也许你已看过西周那温顺的盠驹尊、憨厚的犀尊，还有那神气十足的鸟形尊。它们似有着天然的优越感，披"花铠"、列铭文。而与以上的青铜小伙伴相比，这件原始瓷尊简直太过低调、太过拙朴。然而，这拙朴便是它的"心"意。那一圈圈盘旋的泥土，是它独有的年轮，它记录着那慢得能听到微风过耳、轻得能听到阳光洒地的岁月。就好像木心先生的那首诗："从前的日色变得慢。车，马，邮件都慢。一生只够爱一个人。"它，淡淡的美，柔柔的光，款款的腰肢，青青的颜色，仅为以爱之名，拥抱生命；以爱为晷，记忆年华——不与日月争辉，为你卑微到了泥土里。

作品名称：原始瓷尊

年代：西周（公元前11世纪～前771年）

规格：通高11厘米，口径15厘米，底径8厘米

坐忘斋藏

作品名称：原始瓷罐

年代：西周—春秋（公元前11世纪~前476年）

规格：通高18.3厘米，口径12.5厘米，底径15厘米

坐忘斋藏

说起这些千年前的用器，总会令人有种莫名的距离感，是好奇、是惊叹，又是瞻仰，它们仿佛都是来自另一个世界。然而这件原始瓷罐却是再接地气不过了。乍一看，以为是谁家丢了的腌菜坛，却不承想它是古人安抚神灵的神圣寄托。从新石器时代到今天，罐，自始至终伴随着华夏文明的成长，目睹着朝代的更迭，可以说，在中国没有哪一类器物如它一般高寿。早在新石器时代，罐的家族便已然蔚为壮观：仰韶文化早期有双唇罐，齐家文化有双联罐，崧泽文化有双层罐，马家窑文化有束腰罐和提梁罐，仰韶文化半山类型遗址中发现了双口彩陶罐，江苏金坛三星村新石器时代遗址出土了带座架陶罐，还有西藏昌都卡诺遗址出土了彩陶双体罐等。后来，历代人民又不断在罐身与罐盖上或堆塑、或镂刻、或贴花，可谓极尽所能地添饰与创变。虽然它们如今已成为了司空见惯的日用品，但罐依旧保留着光怪陆离的艺术形象，传承着文明的记忆。

在《金文编》中，尊写作戴，像双手奉"尊"这种器物。据《周礼·春官·司尊彝》中记载，尊有六尊，彝有六彝，分别供不同的祭祀场合使用，古代设有专门的官员来掌管尊、彝这两种礼器。下图中的原始瓷尊便是仿造青铜礼器尊的造型而作，其鼓腹上装饰的卷云纹仿佛采自天上，为它平添了许多不落凡俗的神圣之感。

作品名称：原始瓷尊

年代：西周晚期—春秋（公元前11世纪~前476年）

规格：通高26厘米，口径20厘米，底径17厘米

坐忘斋藏

作品名称：原始瓷鸟盖壶

年代：战国（公元前 475 年～前 221 年）

规格：通高 26 厘米，口径 7 厘米

坐忘斋藏

这件原始瓷鸟盖壶同为仿青铜器造型而作，体型小巧，姿态端庄。修长的颈线，丰满的圆腹，远观宛若一位雍容华贵的妇人。盖上一只小鸟昂首挺胸，它威风凛凛的样子、卓然不群的风采，赋予了这件鸟盖壶更多的趣味。

这是一件春秋时期的原始瓷罍,釉色青黄,釉质已变得比较细腻。整体造型简洁优雅,腹部饱满,双系玲珑,周身均匀分布着排列紧凑的几何形纹饰,给人以纯美的视觉体验。

作品名称:原始瓷罍

年代:春秋(公元前770年~前476年)

规格:通高19厘米,口径12.5厘米,底径11.5厘米

坐忘斋藏

作品名称：原始瓷卣

年代：春秋（公元前 770 年～前 476 年）

规格：通高 37 厘米，口径 26 厘米，底径 20 厘米

坐忘斋藏

1980 年在河南省临汝县阎村出土了一件绘有鹳鱼石斧图的陶缸。略带夸张的造型与粗细相宜的线条，很难令人相信它是新石器时代仰韶先民的创作。鹳口中衔鱼，旁竖一石斧，象征着胜利与征服。已知筒形卣的造型最早可上溯至此，到了春秋时期仍未有很大的改变。右图的原始瓷卣，硕大而粗朴，器口饰有水波纹，两侧饰麻绳状纽，周身则布满细密精美的纹样。而且非常难得的是，器物里外均施有青釉，虽内有烧造技术尚不成熟所造成的鼓包，但瑕不掩瑜，仍可视为一件难能可贵的艺术品。

鉴，是古代盛水或冰的一类器皿。《说文》中说："鉴，大盆也。"体形较小的鉴可以盛水作镜，以观仪容；体形至大者则可用来沐浴，《庄子·则阳篇》便有这样的记载。下图中的原始瓷鉴体形较小，却工艺精美。口沿两侧饰有"S"纽，好似中国结的盘扣，别有一种古雅的韵味。鉴身则有用竹签挑出的点状装饰，不论是对触觉还是视觉，那凹凸不平的肌理都格外具有吸引力。四棱的塑造格外有生气，并不刻意切削得凌厉，反而捏作百褶的花边，令人浮想联翩。如此有格调的原始瓷鉴，想必它的主人也是位卓尔不群的大雅君子吧！

作品名称：原始瓷鉴

年代：春秋（公元前770年～前476年）

规格：通高8厘米，口径18.2厘米

坐忘斋藏

作品名称：原始瓷罐

年代：春秋（公元前770年～前476年）

规格：通高18.1厘米，口径15厘米，底径17.5厘米（麻花系）

坐忘斋藏

同样的原始瓷罐，同样的麻花双系，同样的重圈纹，有什么可以写的呢？或许就是这其中的"像与不像""似是而非"吧。它们的相似是大时代赋予的历史烙印，它们的不同却大抵是工匠的性情使然。前文中罐的重圈显然粗犷而张扬，麻花系两旁的"S"纽均朝向一侧；而这件原始瓷罐的重圈纹则要细腻柔婉许多，双系两侧的一对"S"纹羞涩地背对背，似寄寓着那"盈盈一水间，脉脉不得语"的思念。泥土的艺术虽未有青铜艺术的瑰伟与规范，缘是因青铜器铸造时就范而不得已、陶土捏塑时随眼力手力心力而更洒逸。两件几乎相同的原始瓷罐轻轻一相逢，便知彼此都有各自的秉性。君子和而不同，岂不乐乎？

你看，这把战国提梁盉还是偷了懒！盖上的小鸟已经抽象成了一个小尖角，那代表青龙背脊的提梁也塑得那么随性，它当真是忘了自己还曾是件重要的礼器！这自然也不能怪它，谁让它生在了那个自顾不暇的时代。是啊！四方诸侯的割据正在愈演愈烈，这是黎明前最黑暗纷乱的时光。然而待秦始皇一统天下后，吴越文化也空留余音了。

作品名称：原始瓷提梁盉

年代：春秋—战国（公元前770年~前221年）

规格：通高17.7厘米，口径6.5厘米

坐忘斋藏

原始瓷 | 025

作品名称：原始瓷提梁盉

年代：春秋—战国（公元前770年～前221年）

规格：通高19厘米，口径6厘米

坐忘斋藏

《论语·尧曰》中道："君子正其衣冠，尊其瞻视，俨然人望而畏之，斯不亦威而不猛乎？"这把精致的提梁盉便如同君子，端庄有度而不怒自威。盉与鼎具有某些相似的特征，比如三足的设计，故洛阳针织厂东周墓出土的提梁盉上又刻有"公赐鼎"的铭文。但不同的是，提梁盉体形小巧，前有首、后有尾、上有提梁、配有盖，此四处，别出心裁地体现着古人的宇宙观。龙身状的提梁与龙首造型的流，一同组成象征东方的青龙；盖上伫立的小鸟是朱雀，它代表南方；攀附在尾部的白虎是西方的化身；周身绳状的环饰与扁圆形的壶身，是与提梁盉已浑然一体的北方玄武。原始瓷提梁盉的造型几乎都各不相同，但它们作为礼器的神圣感却是别无二致的，它精妙地平衡了古人一以贯之的追求与富于变化的想象。

瞧，这憨态可掬的鼎身上，却偏偏顶着那可怖的饕餮，令人有种错位般的幻觉。而贴近细看，却发现那饕餮全然不是传说中贪得无厌的形象，而是多了几分俏皮的拙趣。这就是牺鼎。它虽身为礼器，却不以凝重令人畏惧，而以莫名的喜感令人难忘。牺鼎的造型以传统鼎的造型为基础，但又有所生发与增益：首先是塑有凸起的兽面，造型奇特、表情神秘；其次是在兽首的对面贴饰兽尾，有些兽尾可构成独立的造型，别具特色。牺鼎并非中原文化的产物，而是诞生于以徐舒为代表的另一种青铜文化，多出土于安徽的舒城、怀宁、庐江一带及江苏的邳州与淮阴地区，近些年在浙江与江西也有发现（淮安市博物馆编著：《淮阴高庄战国墓》，文物出版社2009年版，第70页）。目前所出土的牺鼎，兽首的塑造可谓千姿百态，无一雷同，可见古人的想象何其瑰丽多彩！

作品名称：原始瓷牺鼎

年代：春秋—战国（公元前770年~前221年）

规格：通高20.9厘米，口径16厘米

坐忘斋藏

作品名称：原始瓷鉴

年代：春秋—战国（公元前 770 年~前 221 年）

规格：通高 18 厘米，口径 32 厘米

坐忘斋藏

这是一只口径硕大的原始瓷鉴，庞大的身躯透着一股敦厚劲儿。周身饰有"S"形纹饰，仿佛是鉴中的水一直荡漾到了外面的世界。两侧的兽面紧贴器身，洋洋自得地标榜着身份的尊贵。三只粗短的兽足稳稳托着庞大的身躯，朴拙之态令人多少有些忍俊不禁。

原始瓷，顾名思义，具有原始的特点。即使在技术上已达到了瓷的范畴，但就技艺来说，仍远未臻至。即使这样，古人仍旧穷其所能，为这粗朴的美添饰文彩。这件原始瓷罐形态极简，细品却不乏匠心。口沿一圈水波纹划刻得非常随意，胜在自然；两侧贴系仅作装饰，捏塑得小巧又精美；周身范印的麦穗状纹饰排列整齐，为瓷罐整体营造了一种秩序之美。总而言之，它永远不只是一只简单的罐子，而是古人独特的审美追求。

作品名称：原始瓷罐

年代：春秋—战国（公元前 770 年～前 221 年）

规格：通高 29 厘米，口径 27 厘米，围径 130 厘米

坐忘斋藏

作品名称：原始瓷熏瓶

年代：战国（公元前475年～前221年）

规格：通高47.2厘米，口径9.6厘米，底径17.2厘米

萧山博物馆藏

这是一件气质优雅、体形修长的长颈镂空瓶，在它的直管外壁上，有一条赳赳向上的叶脉纹，好似丰收的稻谷饰在项间。它是原始瓷器家族中较为特殊的一类器物，这类原始瓷器一般上接一中空而细长的脖颈，下则是丰满而镂空的圆腹鼓肚。有人说它是香熏，但手却几乎无法伸入瓶中来点燃香料；而它似乎也不同于日常见到的瓶，因为无法盛水、难以置物。它在古代的身份与地位，今人仍未读懂；而它高大的身材，却又诉说着它的与众不同。那历经岁月的青黄肤色下，是后世难以企及的韵味与神秘。

这是一件出土于无锡鸿山越国贵族墓的战国原始瓷罍，是目前难得一见的大型原始瓷器。饱满的身材，周正的姿态，浑然而矜贵，肩部一对对称的兽面耳更是令它神气十足。也许在今人看来它不够光彩溢目，但在那个瓷器还弥足珍贵的时代，它却占尽了风头，非帝王贵族不可享有。

作品名称：原始瓷罍

年代：战国（公元前475年～前221年）

规格：通高27.7厘米，口径18.8厘米，底径16.8厘米

南京博物院藏

作品名称：原始瓷大口尊

年代：战国（公元前 475 年～前 221 年）

规格：通高 27.7 厘米，口径 25.5 厘米，底径 10 厘米

坐忘斋藏

大口尊，是商代青铜尊家族中非常典型而又独特的一种，夸张的敞口、收敛的线条兼具张扬与秀美。古人好饮，特别是商代贵族，嗜酒成瘾。据《史记·殷本纪》记载，商纣王曾"以酒为池，悬肉为林"，极尽享乐。因此，商代的酒器亦是极尽巧思，造诣精绝。这件原始瓷大口尊，便是以商代青铜大口尊为原型而制造的，但与青铜大口尊不同的是，虽为礼器，但它充分展现了泥土与生俱来的古朴，更富生趣。

不同于许多人的想象，古人的生活也可以有适性任情的盎然生趣，这件原始瓷温酒器便是物证。从它的身上，我们看到了越国贵族奢华的生活与能工巧匠们的聪慧。温酒器由炉盘、温酒器组成，在使用时，人们只需将炭置于炉盘内，温酒器里盛水，把酒杯安放在上面的孔内，便可喝到温热的酒。南方冬季潮寒，把酒加热喝，身心温暖。这种"以火温水，以水温酒"的设计，构思十分奇巧。早在两千多年前，古人就已用上了这种做工精致，科学合理的温酒器。这类器物，也是目前经考古首次发现。

此外，夏天炎热，越人还发明了助人解暑解渴的原始瓷冰酒器，也是此次与温酒器同出。

作品名称：原始瓷温酒器

年代：战国（公元前475年～前221年）

规格：炉盘：通高8.8厘米，口径31.8厘米，底径17.2厘米

温酒器：通高7.8厘米，上径25.8厘米，底径15.2厘米

南京博物院藏

作品名称：原始瓷牺鼎

年代：战国（公元前475年～前221年）

规格：通高15.3厘米，口径14.2厘米，足高3.6厘米

萧山博物馆藏

目前出土的青铜牺鼎有些附有密合的盖子，但这一现象并不见于原始瓷牺鼎。虽然原始瓷牺鼎是仿造同时期青铜器牺鼎的造型而作，但兽首那无一例外懵懵懂懂的神态，似乎更适合以陶土这种温婉的质地来呈现。下图这件原始瓷牺鼎虽没有彰显霸气的饕餮，但周身那一圈圈"S"纹好似水波般灵动，又如云彩般舒卷，同样带着超凡绝尘的神气。

把杯，是吴越贵族礼敬上天、享受生活的重要礼器。它的造型简洁而典雅，具有一种穿越时空的设计感，即使在今人看来，它仍旧时尚并且实用。在那个被后人误解为荒蛮的时代，人们却懂得从身体出发与艺术对话，此杯的把柄便是最好的体现——当四指握紧把柄时，人们可以把拇指放在杯侧錾上。这种舒适的设计，非常符合千年之后今人所倡导的人体工程学，而它也仅仅是古人虔敬心灵所留下的不经意的一瞥。

作品名称：原始瓷把杯
年代：战国（公元前475年～前221年）
规格：通高16厘米，口径6.5厘米
坐忘斋藏

作品名称：原始瓷把杯

年代：战国（公元前 475 年～前 221 年）

规格：通高 21 厘米，口径 19 厘米

坐忘斋藏

这只把杯很像个小瓜，器表的"瓜棱"道道分明，侧面的把手蜿蜒得好似倒挂的瓜藤，上面的杯盖则如今天依旧流行的小瓜皮帽一般。别看它小小一只杯，却设计得十分憨厚可人。把杯在中国的历史十分悠久，早在石器时代就已有造型精美且工艺精湛的陶把杯了。在昆山绰墩山村出土的良渚文化黑陶把杯，鼓圆腹、矮圈足，前有仿生鸭嘴的流口，后有薄而扁的把手，周身纹饰细腻丰富，陶胎油润光洁，即使放在今天，也可称得上是一件难能可贵的艺术品。

鼎是权力与地位的象征，据《汉书·志·郊祀志上》记载，禹治水功成后，便"收九牧之金，铸九鼎，象九州"。同时，周代礼仪中还规定，宴会时王九鼎、诸侯七鼎、卿大夫五鼎、士三鼎。统治者通过对列鼎的数量严格的限制，可以"明上下，别等列"，以示身份等级。这件原始瓷鼎釉色秀雅，造型规整而体态敦厚，三只向外撇的长足又透露出一丝秀美；器盖表面布满整齐的"S"纹，三条绳纹的同心圆依次排开，有条不紊、错落有致。

作品名称：原始瓷盖鼎

年代：战国（公元前475年~前221年）

规格：通高20.5厘米，口径18厘米，盖径19.8厘米

萧山博物馆藏

作品名称：原始瓷束腰鼎

年代：战国（公元前 475 年～前 221 年）

规格：通高 18 厘米，口径 17 厘米

坐忘斋藏

这件原始瓷束腰鼎属于越式鼎，又有人称它为盘口鼎、釜形鼎。越式鼎的命名包含了两重含义：一是具有古代越人独特的艺术风格（包括造型与纹饰），一是由聚居在古越之地的越人铸造与使用。越式鼎大多无繁复的装饰，不管是以青铜还是原始瓷制造，造型均简约而优美。

鼎最早可见于新石器时代的彩陶器，那时工艺虽然尚不成熟，但已具备了鼎的一般形制。至商代，随着中原地区青铜技术的高度发展，不论是从体积还是造型上，青铜鼎都迎来了前所未有、后世亦难企及的制作高峰。这件战国原始瓷鼎同样仿造青铜器鼎的造型，却又回归了简洁的风格，透着江南灵秀的气息，令人耳目一新。

作品名称：原始瓷直口鼎

年代：战国（公元前475年～前221年）

规格：通高16厘米，口径18厘米

坐忘斋藏

作品名称：原始瓷烤炉

年代：战国（公元前475年～前221年）

规格：长41厘米，宽37厘米，高10厘米

坐忘斋藏

　　不要以为烧烤是今人独有的消遣。千年以前，古人同样也可聚在一起，享受烧烤的乐趣。这件原始瓷烤炉诉说的便是这样一个事实。也许你会诧异于它独特的造型，但唯此精心的雕琢，方才衬得出帝王将相的奢华。烤炉取形于南方干栏式建筑，四角高高翘起的屋檐，抖出了一身简傲绝俗的气势。那两个似乎狰狞的兽面，如同大门的铺首，又好似在恫吓来往之人莫要入内。广州象岗第二位南越王赵眜墓中出土过一整套烧烤用器，其中便有一件类似于此件原始瓷烤炉造型的青铜烤炉。青铜烤炉出土时，上面还架有烤肉的铁钎，而旁边的地面上和一个铜鼎内，还留有些许碎木炭和乳猪遗骸。可见，早在战汉时期，南越贵族就已经开始享受今人仍会垂涎的烤乳猪了，舌尖上的中国，或许远比我们想象得更为丰富与悠久。

过去多认为虎子为溺器，这种成见大约始自《西京杂记》中的记载，而今人常持之以为根据的，则是东汉经学家郑玄对于《周礼·天官·玉府》中"亵器"的注疏。郑玄认为，"亵器，清器、虎子之属"。或许，随着礼器地位的式微，虎子在后世的确演变出了这一功能，但从目前出土的情况来看，它可能另有注水净身的作用。南京曾出土过一件与食器共存的虎子，虎子出土时，还突兀地放置在死者头顶上方的架台上，这种安排令人不难联想到《仪礼·士丧礼》中所记为死者"沐""栉""捆"的环节。又 1995 年江苏省南京市赵土岗出土了有纪录以来首件带有铭文的瓷器，它便是虎子。铭文作"赤乌十四年会稽上虞师袁宜作"和"制宜"，展现了它不凡的身份地位。下图这件原始瓷虎子，与后世虎子造型略有不同，除倾泻用的流口外，又多作一兽首造型置于尾部。这种设计，对于日常使用的溺器而言实属赘余，故这把虎子可能为祭礼之器，抑或它本就属于不同于后世虎子的另一系统的器物。

作品名称：原始瓷虎子

年代：战国（公元前 475 年～前 221 年）

规格：通高 18.9 厘米，口径 7.5 厘米，底径 13 厘米

萧山博物馆藏

作品名称：原始瓷鉴

年代：战国（公元前475年～前221年）

规格：通高18.7厘米，口径34.6厘米，底径19.2厘米

南京市博物馆藏

这是一件出土于无锡鸿山越国贵族墓的战国原始瓷鉴。《道德经》第八章说："上善若水。"这承载水德的鉴，自然也潜滋暗长出些许哲学的味道。从它可作为镜的功能来看，它确实为汉语言留下了许多富有哲理的成语，如"覆车之鉴""鉴前毖后""知往鉴今"等，都是在警人勿耽于安逸、劝人多谨言慎行。而一国的帝王将相，他们的所作所为决定着国家的前程，"鉴己"与"省身"的重要性也就不言自明了。

匜，甲骨文作🔣，金文作🔣，像用匜浇水的情景。匜为盥洗时浇水的器具，常配有盛水的盘。《左传·僖公二十三年》中曾记载秦穆公将女儿怀嬴嫁与逃亡中的晋公子重耳，怀嬴便曾为他"奉匜沃盥"。"沃"为浇水之意，"奉匜沃盥"，即怀嬴手捧匜浇水、重耳用流水盥洗。匜出现于西周中晚期，春秋时期的匜多有足，而战国的匜多无足，形似瓢。下图这件原始瓷匜便是仿战国时期青铜无足匜的造型而作。

作品名称：原始瓷匜

年代：战国（公元前 475 年～前 221 年）

规格：通高 11.6 厘米，口径 28 厘米，底径 13.5 厘米，通长 36.2 厘米

南京博物院藏

作品名称：原始瓷盖豆

年代：战国（公元前 475 年～前 221 年）

规格：通高 13.4 厘米，口径 20 厘米，盖径 20.6 厘米，足径 11.4 厘米

南京博物院藏

豆，象形字，甲骨文作豆，金文作豆。在古代，豆是十分重要的礼食之器。《周礼·天官·醢人》中记载："醢人掌四豆之实。"四豆为朝事之豆、馈食之豆、加豆和羞豆，分别放置各种不同的菜品，如肉汁、酱菜等。豆最早出现于新石器时代，盛行于商周时期。据《礼记》记载，天子可享二十六豆，诸公亦可用十六豆。豆的材质非常丰富，不仅有陶豆、青铜豆，还有原始瓷豆和漆器豆。春秋时期开始出现带盖的豆，有些豆盖倒置可独立成器，用以置物。下图中的原始瓷豆出土于江苏无锡鸿山贵族墓，属于一位战国时期越国的贵族；浅盘，侈口，矮柄，娇小的身材，古雅的韵味，的的确确显得端庄大气。

这是一件造型独特的双系三足罐。比起前面两只罐，它似乎矮胖了许多，而主体部分则更像是唐代的钵。罐的鼓腹上饰有一圈排列有序的棱饰，围成一圈，好似女子的百褶裙裙摆，吸引着人们的关注。两只系斜塑在侧，既实用又美观。三条短足的设计格外可爱，令简单的双系罐顿时提起了精神。

作品名称：原始瓷三足罐

年代：战国（公元前 475 年～前 221 年）

规格：通高 15 厘米，口径 8 厘米

坐忘斋藏

作品名称：原始瓷角形器

年代：战国（公元前 475 年～前 221 年）

规格：通高 10.1 厘米，底径 6.5 厘米

南京博物院藏

  角崇拜在中国可谓由来已久，《山海经》中就记载了许多带角的神兽。角是许多有角类动物的雄性标志，这些雄性动物体量往往都硕大而魁伟，或许角崇拜的意义便在此，即对雄性特有的强悍力量的倾慕与向往（刘志雄、杨静荣：《龙与中国文化》，人民出版社 1992 年版，第 72 页）。这种炽烈的渴望与赤诚的信仰根植于先民的心中，以至于商人都要将"角"的元素移植到龙图腾中，并作为后世龙的特征之一逐渐定型下来。右图这件角形器出土于无锡鸿山越国贵族墓，同出的还有等量的璧形器。古人以璧礼天，以琮礼地，但遗憾的是，目前并未经考古发现原始瓷琮。或许这些与璧形器同出的角形器在一定程度上承载着与琮相同的文化内涵，两者搭配在一起，共同象征阴阳和谐。

"翩若惊鸿,婉若游龙","鸿"美在飘逸,"龙"妙在曲曼。下面这只原始瓷龙形佩,便是如此的屈曲盘转,顾盼生姿。中国的古典美是一种写意的美,表现形式往往似是而非,却更能入木三分地传达深刻的内涵。这条瓷龙,虽不像今人印象中的"鹿角""兔耳""牛眼""蛇颈""鹰爪",却仿佛与舒卷的云气合而为一,更能体现"神龙见首不见尾"的超然自逸与捉摸不定。这种抽象的表达是古人原始思维的遗存,是与神灵进行越界沟通的特殊语言。

作品名称:原始瓷龙形佩

年代:战国(公元前475年~前221年)

规格:高9厘米,宽18.5厘米,厚1厘米

坐忘斋藏

作品名称：原始瓷瑗形器

年代：战国（公元前475年~前221年）

规格：外径8.2~8.3厘米，内径4.4~4.6厘米，
　　　厚度1~1.3厘米

南京博物院藏

是不是有种错觉，好像又是一件玉璧？但仔细琢磨似乎又有哪里不妥——因为它是瑗，一种极似璧的礼器。《尔雅·释器》曰："好倍肉谓之瑗。"郭璞进一步解释道："瑗，孔大而边小。"孔径与器物直径之差的大小，似乎是璧与瑗的直观分野。2004年江苏省无锡鸿山越国贵族墓出土了大量的仿玉原始瓷礼器，原始瓷瑗便在其列。

又是一件牺鼎，它与萧山博物馆所藏的牺鼎应是来自一个地方，它们的共性呈现了牺鼎制作在战国时期的抽象化与象征化。比起前面那件春秋战国时期的牺鼎，它的表情似乎变得凝重了很多，兽首的造型也更趋于抽象；没有了从前诙谐幽默的眼神，身形亦不似从前雍容了。这或许是艺术进化所不可避免的趋势：从最初的取向自然、生趣盎然逐渐走向规制划一、拘谨严整。这种趋势延伸到了汉代。即使是那西汉大赋天马行空的奇思妙想，亦未能阻挡原始瓷艺术的最终没落；或许，这不仅仅是因事物发展不可避免的归宿，更是因那孕育原始瓷文化的古越文化再无法滋润它的灵魂。远离了源泉忘记了初心的它，必定似失所的孤魂野鬼，最终黯然在历史的长河里。青瓷，取而代之。

作品名称：原始瓷牺鼎

年代：战国（公元前 475 年～前 221 年）

规格：通高 14.2 厘米，耳间距 16.7 厘米

坐忘斋藏

作品名称：原始瓷三足盆

年代：战国（公元前 475 年～前 221 年）

规格：通高 12 厘米，口径 45.8 厘米

坐忘斋藏

这件盆来头不小。它的造型可上溯至距今 4000 多年新石器晚期龙山文化的黑陶三足盆。三，是一个神奇的数字，两点只能成线，三点便能成面，而三条长度相同的线段则可组成一个正三角形。三足盆三条腿与地面接触的三个点相互连接在一起，正好构成一个正三角形，在力学上它的稳定性最优，呈"三足鼎立"之势。尽管它历史悠久，资历甚老，但三足盆依然积极融入到当时的时代中，盆身与腿均有较大的改观，线条硬朗、勾折利落，有着青铜器的刚硬，而兽首衔环的设计则几乎是照搬当时青铜器的装饰特色。那三条腿不再仅为实用而简立，而是像兽腿一样遒劲有力地狠蹬地面、抵住巨盆，这种富于张力的雄性之风，恐怕是那诸侯群起的时代方才有的魄力。

田自秉先生在其《中国工艺美术史》一书中说："春秋战国时期的青铜工艺，和商代相比，有着明显的变化。从制作和实用的目的看……商代是酒器的组合，是以祭祀用器为主，具有宗教性质的意义。周代则是重食器的组合，是以礼器为主，具有人事的意义。而进入春秋战国时期，则是一种钟鸣鼎食的组合，它已失去祭祀和礼器的特性，而向生活日用器物发展，增加了许多以实用为主的用品。"这一精辟的认识在一定程度上也适用于原始瓷的发展脉络。在商代的墓葬中，原始瓷常与青铜、玉器伴出，凤毛麟角的它在初创的岁月里享有贵族们无以复加的宠爱，闪烁着不可侵犯而神圣的破晓晨曦。西周时期原始瓷不断向同时期的青铜器与玉器靠拢，它们三位一体，共同强化着礼乐之盛。而随着春秋与战国的到来，原始瓷又开始与青铜器、玉器剥离，试图顺应自己本有的可塑性而发现一番新天地。下图的组鼎均来自战国，它们虽同名为鼎，却各有各的性格。那或"谨慎拘束"，或"四仰八叉"，或"修长挺拔"，或"粗壮有力"的腿足，是泥土信手拉伸的快乐；那或"见方带棱"，或"柔卷如绳"的双系，皆是泥土柔软的身形。再看那"萌萌的"兽面及可人的尾巴，或是那依旧"一本正经"的鼎盖，一切都充满泥土丰富的创造力。那炽热的火焰恋着温润的泥土，在春秋战国这个宽容的时代中，挣脱了桎梏，掸去陈念，写尽性灵；那浴火的泥土也回报着甘于湮灭的烈焰，留下了这一件件风情万种的爱情结晶。

作品名称：原始瓷组鼎

年代：战国（公元前475年～前221年）

规格：原始瓷牺鼎，通高11.2厘米，耳间距17厘米

原始瓷直口鼎，通高16.6厘米，口径17.5厘米

原始瓷束腰鼎，通高16.6厘米，口径16.2厘米

原始瓷盖鼎，通高19厘米，口径16.2厘米

坐忘斋藏

作品名称：原始瓷壶

年代：战国（公元前 475 年～前 221 年）

规格：通高 36.8 厘米，口径 13.5 厘米，盖径 17 厘米，底径 19 厘米

萧山博物馆藏

　　这是一件战国原始瓷壶，不论是造型还是纹饰，它都与同时期的青铜壶有着异曲同工之妙。以故宫博物院所藏的战国宴乐渔猎攻战纹铜壶为例，两者均比汉代之壶要丰腴圆润，这或许是因为它们更贴近造物之初的关怀吧！《诗经·豳风·七月》云："七月食瓜，八月断壶。"《毛传》云："壶，瓠也。"是以最初之壶状如"瓠"。《说文解字》云："瓠，匏也。"匏之形类似于葫芦，却比葫芦大，将其剖开可做水瓢。至今许多地方依旧用匏制作的水瓢舀水。这件原始瓷壶犹如天然之匏，饱肚、青釉，仿佛刚从藤条上摘下一般，还晕着露水的柔光，带着泥土的芳香。那小心翼翼的系，仿佛是怕众人从匏中辨别出它的真身，几乎是不着痕迹的。这样一只"大璞不斫"的大匏壶，怎会让人不喜欢呢？

比起前文中的温酒器，这一套温酒器更为直观地呈现了其温酒的功能。上面几只小酒杯乖巧浑圆，它们既可被拿出独立摆放，也可插入温酒器的孔洞里盛放琼浆，设计得十分巧妙。温酒的历史在中国可谓由来已久，古人喜爱热酒似乎已经成为共识。2004年江苏无锡鸿山战国早期的越国贵族墓出土原始瓷冰酒器和原始瓷温酒器。它见证了战国时期越国贵族饮用冷、热酒的历史。唐人白居易曾赋诗"一盏寒灯云外夜，数杯温酎雪中春"（《和李中丞与李给事山居，雪夜同宿小酌》）。缓缓入喉的丝丝温酒，既暖身、又暖心。元陶宗仪《南村辍耕录》中亦有《奚奴温酒》一篇，讲述了奚奴善温酒一事，并从中悟出"一事精至，便能动人，亦其专心致志而然"的道理。图中这精妙而又实用的温酒器，承载的是贵族间觥筹交错的你来我往，是吴越争雄中的风云突变，也是吴越先民乃至中华民族悠久而浓烈的酒文化。

作品名称：原始瓷温酒器、酒杯

年代：战国（公元前475年～前221年）

规格：通高9厘米，口径25.7厘米

坐忘斋藏

作品名称：原始瓷鸟盖熏

年代：战国晚期（公元前 475 年～前 221 年）

规格：通高 33.5 厘米，口径 20 厘米，底径 13 厘米

坐忘斋藏

以小见大，说的便是这尊原始瓷鸟盖熏。盖顶是一只泰然自若的大鸟，瞪圆着眼睛，威风凛凛。它既似越人的先祖，骄傲地俯瞰下方；又仿佛是那传说中的金乌，如日中天。在它之下，是三只娇小的鸟儿谦恭地伏在盖钮之间，或许它们亦是越人的先公在温柔地注视自己的子民。盖上镂刻的十字形图案常见于青铜器，似乎象征着"地为方"（艾兰：《龟之谜》，商务印书馆 2010 年版，第 134 页），它与意为"天圆"的盖子合而为一，将古人的宇宙观融入这小小的香熏之中。若说这盖是象征着我们所居住的人间，那上面便是天，天上有太阳及逝去的祖先；下面便是地，地下有似乎象征着黄泉的水波纹划刻在香炉外侧。随着里面的香料被点燃，焚出的袅袅烟缕穿梭于天地间，正如古人所信仰的那般——灵魂可通天达地，夙愿也可告于神明。

作品名称：原始瓷鱼系壶

年代：汉代（公元前 206 年～公元 220 年）

规格：通高 28.2 厘米，口径 9 厘米，底径 10.5 厘米

坐忘斋藏

《礼记》中有投壶之礼，为宴飨时"讲论才艺之礼"，所用之器主人自谦为"枉矢哨壶"。随着时间的推移，投壶逐渐成为一种游戏，直至明清时期都广受人们的喜爱。在汉代，投壶仍具有礼仪的意味，据《后汉书·祭遵传》记载，人们"对酒设乐，必雅歌投壶"。关于汉代贵族投壶的场景，今人仍可从河南南阳卧龙岗沙岗店出土的《投壶图》中一窥古人的高致与兴味。而这件汉代原始瓷壶的造型，与汉画像中投壶所用的壶造型相仿，它或许就是汉代贵族生前行此礼时所用的器物。

作品名称：原始瓷璧形器

年代：汉代（公元前202年~公元220年）

规格：直径19.7厘米，厚度8厘米

坐忘斋藏

　　璧是古代最重要的礼器之一，其形态可追溯至新石器时代红山文化、良渚文化时期的玉璧。《周礼·春官·大宗伯》记载："以玉作六器，以礼天地四方：以苍璧礼天，以黄琮礼地，以青圭礼东方，以赤璋礼南方，以白琥礼西方，以玄璜礼北方。"璧为圆形，与天相对；琮为方形，与地相对，璧与琮的组合非常形象地体现了古人"天圆地方"的宇宙观。这件原始瓷璧仿造玉璧的造型而作，上面的涡纹仿佛是一朵朵雀跃的云彩，而天上的神灵便藏匿在它们之间，倨傲地审验着人们的虔诚。

2. 仿乐器

瓷仿乐器是吴越地区原始瓷精品中的一类。所仿乐器既有中原乐器，如甬钟，也有越地独有的乐器，如句鑃等。

磬是一种十分古老的乐器，相传为尧臣无句发明。考古确实证明了它的古老，距今约4500年左右的新石器时代龙山文化陶寺遗址中便有石磬出土。磬声清脆悦耳，可单个敲击，称为"特磬"；也可成套演奏，名为"编磬"。演奏时，编磬按大小渐变排列，具有一定的音律组合。磬的材质十分丰富，有石磬、玉磬、木磬、陶磬、铜磬，当然，还有图上这种原始瓷磬。

作品名称：原始瓷磬

年代：春秋—战国（公元前770年～前221年）

规格：长29厘米，宽8.5厘米，厚2厘米

坐忘斋藏

作品名称：原始瓷悬鼓座

年代：春秋—战国（公元前 770 年～前 221 年）

规格：通高 32 厘米，口径 7.7 厘米，底径 40.3 厘米

坐忘斋藏

有了缶，自然要有鼓，那传达神意的灵媒才能翩翩起舞。然而古代的足鼓并非平置于地面使用，而是竖立击打，于是图中这种架鼓的器座便应运而生了。图中这件原始瓷器座形制规整，体形硕大，四周饰有高浮雕衔环兽面，浑然一副威严的姿态。

作品名称：原始瓷錞于

年代：春秋—战国（公元前 770 年～前 221 年）

规格：通高 39.4 厘米，口径 16.3 厘米，底径 18.4 厘米

萧山博物馆藏

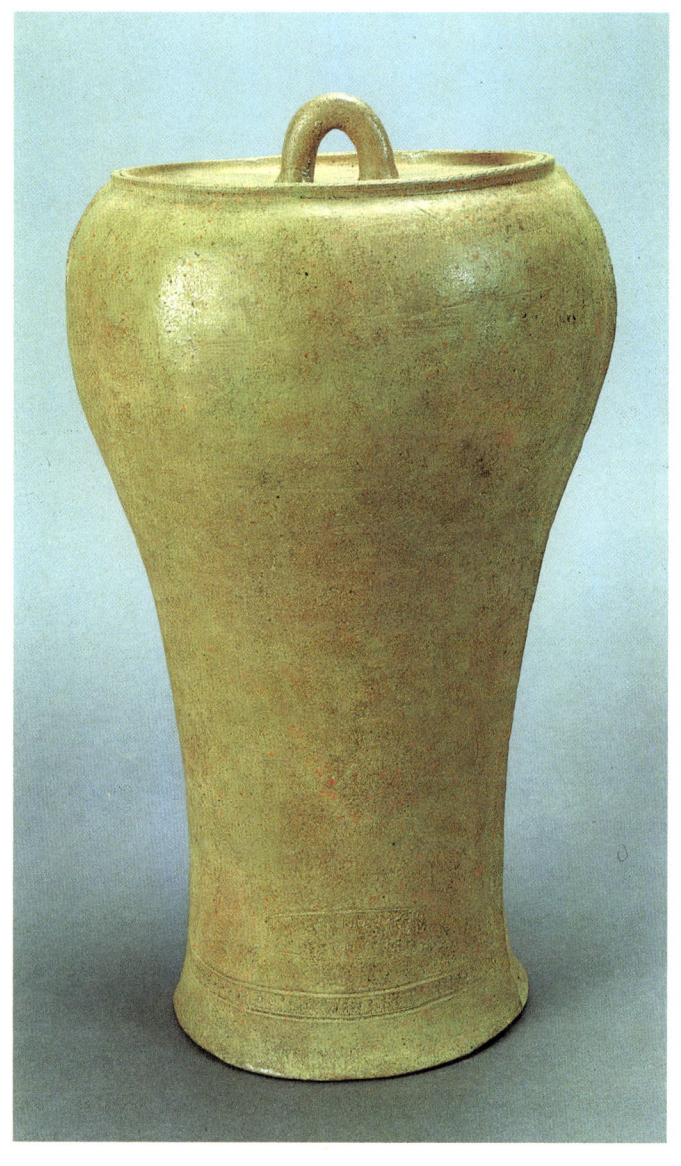

这是一件身材高挑、气质优雅的原始瓷錞于。战国以前的錞于多出土于山东、江苏、安徽一带，是东夷、淮夷文化圈的重要代表器物。而到了战汉时期，錞于则更流行于湘西、鄂西、黔东一带，并成为巴文化重要的组成部分（楚文化研究会编《楚文化研究论集：第 6 集》，湖北教育出版社 2005 年版，第 426 页）。錞于是一种打击乐器，多于作战时与鼓、丁宁等乐器配合使用。如《国语·晋语五》中便记载："战以錞于，丁宁，儆其民也。"又如《淮南子·兵略训》中曰："两军相当，鼓錞相望。"

作品名称：原始瓷甬钟

年代：春秋—战国（公元前 770 年～前 221 年）

规格：通高 33.9 厘米，铣距 13.9 厘米，于距 11.7 厘米

坐忘斋藏

甬钟流行于西周至春秋时期，是一种结构复杂的打击乐器。它仰赖一个由"舞""钲""枚""篆"共同构成的共鸣箱发声。"舞"是把柄，即"甬"下面的平顶部分；两面正中的宽带区域名"钲"；"钲"两侧分立乳钉状的"枚"；而将"枚"分隔开的横向间隔则称作"篆"。在共鸣腔外，"甬"顶名"衡"，"甬"上有"旋"，"旋"上的孔称"干"。关于甬钟的起源，比较公认的看法是它源自铙，并且很有可能在西周早期的康昭之际独立为一种新的乐器（王子初：《中国音乐考古学》，福建教育出版社 2004 年版，第 146 页）。下面这件原始瓷甬钟仿青铜甬钟而造，工艺繁复，技艺超群。八棱状满饰的甬写满华贵，那排列整齐的"枚"更是昂扬挺拔，全是动人心魂的磅礴气势。

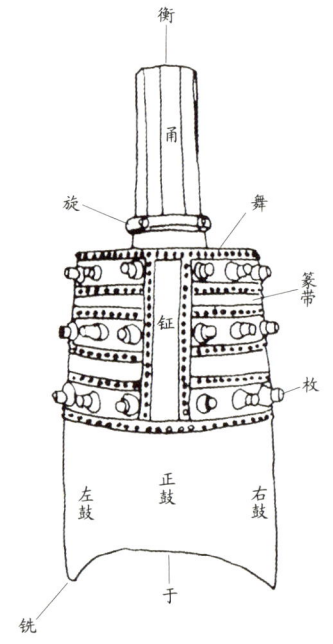

作品名称：原始瓷句鑃

年代：春秋—战国（公元前 770 年～前 221 年）

规格：①通高 42 厘米，铣宽 18 厘米　　②通高 41 厘米，铣宽 17.5 厘米

　　　③通高 37 厘米，铣宽 16.5 厘米　　④通高 35.5 厘米，铣宽 15.5 厘米

　　　⑤通高 32 厘米，铣宽 14 厘米　　　⑥通高 30 厘米，铣宽 12.5 厘米

　　　⑦通高 29 厘米，铣宽 11.5 厘米

坐忘斋藏

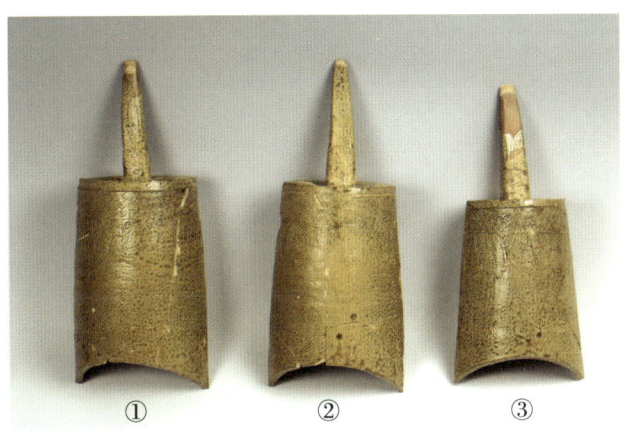

句鑃是春秋战国时吴越地区特有的一种打击乐器。句鑃之名，史籍并未著录，人们对于它的认识，还是始于道光年间出土于浙江武康县（今德清县）的两把带铭文的青铜句鑃（董楚平：《吴越徐舒金文集释》，浙江古籍出版社 1992 年版，第 156～160 页）。原始瓷句鑃形似甬钟，有一共鸣箱与一长柄，但置放方式与甬钟相反，即于朝上，柄朝下，自大至小插于篾架上，以枹击之。一般为多件成套形式出土。这套原始瓷句鑃的造型仿青铜句鑃而作，由小到大渐变均匀。器表及柄上饰有涡纹，好似逸出的音符，灵动自然。

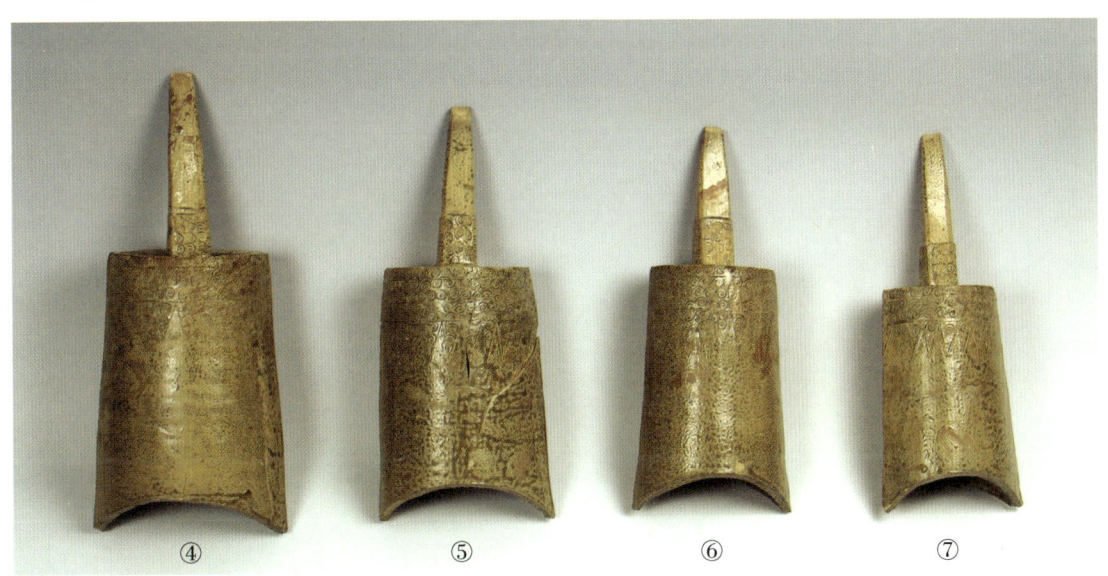

作品名称：原始瓷蛇钮振铎

年代：战国早期（公元前 475 年～前 221 年）

规格：通高 19.3 厘米，钮高 2.6 厘米，舞修 11.8 厘米，舞广 11.3 厘米，铣间 16.9 厘米，钲间 13.7 厘米

南京博物院藏

铎是一种盛行于春秋至汉代的青铜乐器，分为金铎和木铎两种。金铎为金铃金舌，声音嘹亮，故为军用；木铎为金铃木舌，声音淳厚，故为文用。这件原始瓷铎仿造青铜铎，铃的上部饰有"C"形与"人"字形纹，正面刻有好似族徽的标志，富有深意。在平顶舞的上方，一条蜷曲的小蛇盘在桥形钮旁，虽谈不上精致，但似乎象征着神明的守护，自然也透着一丝灵气。

铃、镇与权，发挥着三种迥然不同的作用，却都聚焦在这件器物身上。并非它有三头六臂，只是至今人们仍未能知晓它的确切身份。因为有 1963 年陕西出土的高奴铜石权的前例，故学者最早习惯统称这类器型为"权"。然而二十世纪七十年代，曾侯乙楚墓出土了四件与此造型相仿的空心席镇，这使得人们不得不重新审视这一造型可能拥有的多重身份。由于原始瓷质的这类器物多为空心，故又有学者认为它应被命名为"原始瓷席镇"。有趣的是，新的考古发现又对这一新的名称提出了质疑。2003—2004 年江苏无锡鸿山越国贵族墓出土了上千件原始瓷乐器，其中也有这种器物。在这座"古代越族乐器库"中出土的这类器物多为中空，并与乐器放置在一起，所以今天又有人将它视为乐器的一种，称为"悬铃"。

作品名称：原始瓷釉下悬铃

年代：战国（公元前 475 年～前 221 年）

规格：通高 8.8 厘米，底径 10.4 厘米

萧山博物馆藏

3. 仿兵器与农具

提到春秋战国时的吴越两国，便会使人想到"穷兵黩武"这句话。吴越先民自古尚武任侠，兵器用于军事争霸，农具则用于发展农业，增强国力。

作品名称：原始瓷矛
年代：春秋—战国（公元前770年～前221年）
规格：长19厘米
古越阁藏

《汉书·地理志》中说"吴越之民皆尚勇"，从湖北江陵县出土的吴王矛和越王剑来看，吴越先民着实具有得天独厚的"尚武"资本。《楚辞·九歌·国殇》中"操吴戈兮被犀甲"更是形象地再现了吴越兵器的无比锐利。下图这件原始瓷矛是仿青铜兵器而作，将残酷的冷兵器嫁接到温厚的泥土里，撞击出一种冲淡的效果。的确，当血肉之躯化作泥土沉寂在岁月的长河中时，那些往昔的刀光剑影与恩怨情仇也会成为往事，随风逝去。

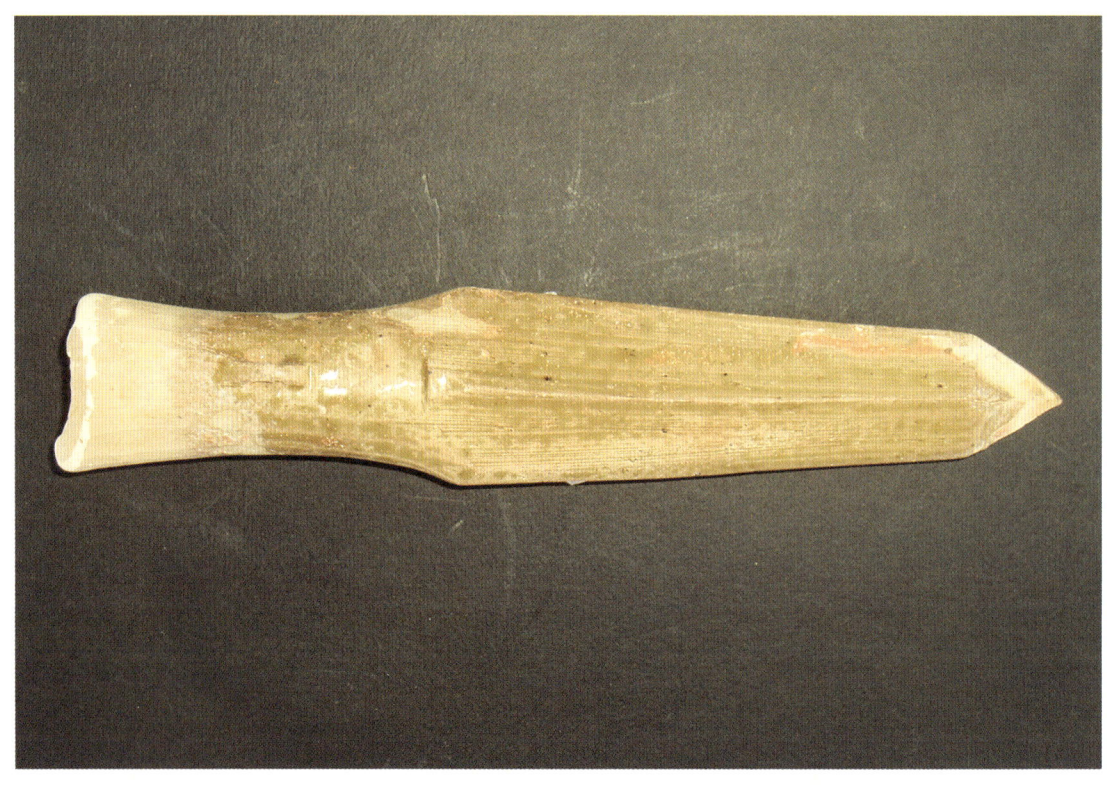

作品名称：原始瓷农具

年代：春秋—战国（公元前770年～前221年）

规格：斤长7.3厘米，宽3.2厘米；斧长7.6厘米，宽3.7厘米；铲长8.2厘米，宽4.2厘米；锛长8.7/8厘米，宽3.7/4.5厘米；镰长11厘米，宽5.4厘米

坐忘斋藏

中国有着非常悠久的农耕文明。《诗经》中有不少关于农事的诗歌，如《载芟》《噫嘻》等篇目，都提到了农作的过程。下图这套原始瓷农具虽为不具实用意义的冥器，却做工精巧，釉色清亮，造型多样，形象逼真。通过下图中原始瓷"斤""斧""铲""锛""镰"的组合，我们仿佛能听到从时空对岸传来的悠长余音，有轻叹，有欢笑，有愁楚，也有心满意足。

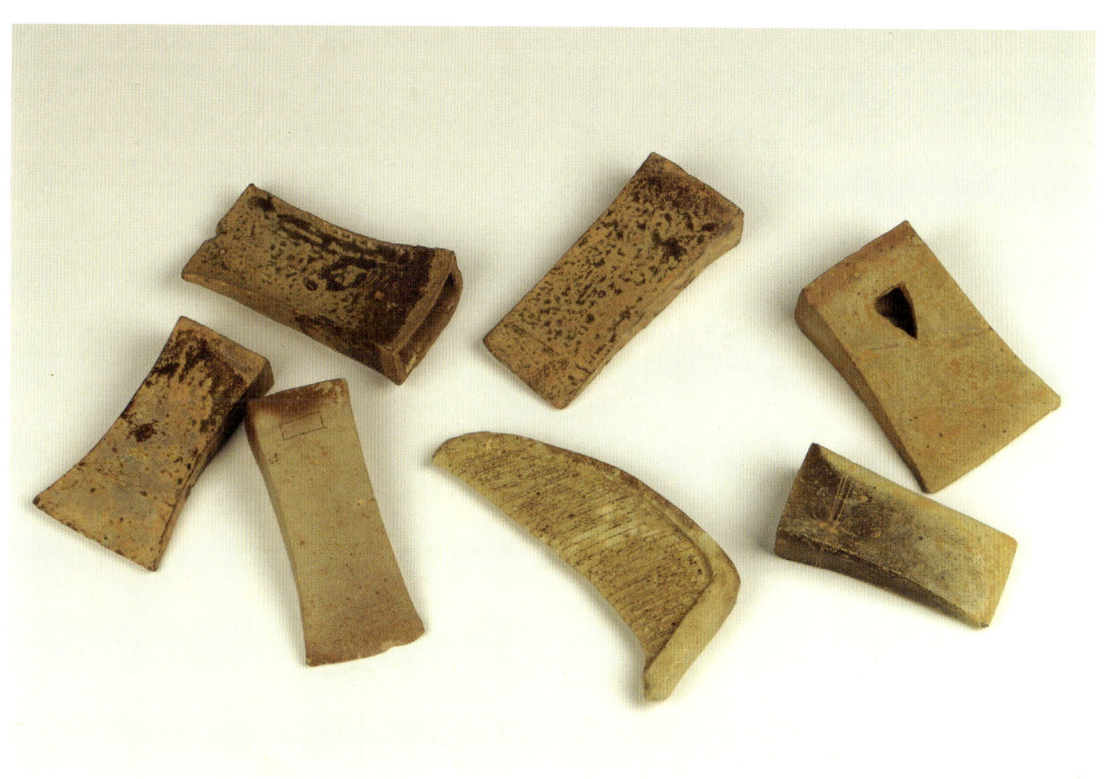

4. 日用器

除了礼器、乐器类，原始瓷中还有很多日用器，品类、工艺均不输前者。尤其是在春秋晚期至战国，由于制作技术的提高，原始瓷创作获得迅猛发展，有些甚至替代了铜器与漆器，成为寻常生活所用之器。

作品名称：原始瓷盖盂

年代：西周（公元前 11 世纪～前 771 年）

规格：通高 3.5/5.9 厘米，口径 5/6.5 厘米

坐忘斋藏

盂是盛水、盛饭的一类器皿，早在新石器时代的磁山文化中便已有配加热底座的红陶盂。扬雄《方言》曰："盂，宋楚魏之间或谓之盌（wǎn），盌谓之盂，或谓之铫（diào）锐。"《说文》曰："盌，小盂也。"可见，盂与盌（即碗），又和一种名叫"铫锐"的器皿有着密切的联系。的确，从造型来看，盂与碗确实很相似，有时甚至难作区分，很有可能同源。而铫是温器，是煮水、熬东西的器皿，这与磁山文化的红陶盂很相近。小小的一只盂，在不同地区的文化中竟可以衍生出这许多的形态，可见它对于人们的生活是何其重要。下图中的两只原始瓷盂是吴越贵族的爱物，从它们玲珑的造型和巧妙的装饰可以看出主人的生活情趣。左边那只盖盂尤其娇俏，贴塑的小"S"纽宛转得温柔，小小的盖子也拙朴得憨厚，真是可爱。

这是一只西周高足碗。与前面的原始瓷盖盂相比，它虽缺少盖，却一点不少精琢细磨的匠心。那碗内沿的一圈上，小心翼翼躺着三枚别致的"S"纹钮。那是最早的中国结，是古人简素中的小浪漫、朴拙中的真情趣。碗底下的高足比起后代高足豆、高足杯的高足来说，其实亦不算高，但以当时的制瓷工艺来说，它的确已站得十分稳当了。当然，近三千年前的古代匠人能将泥土与火焰的结晶带入我们现代的生活当中，这才是其高明之处。

作品名称：原始瓷高足碗

年代：西周（公元前11世纪~前771年）

规格：通高7.6厘米，口径19.8厘米

坐忘斋藏

作品名称：原始瓷盘

年代：西周—春秋（公元前 11 世纪~前 476 年）

规格：通高 4.7 厘米，口径 15.4 厘米，底径 8.8 厘米

坐忘斋藏

多么熟悉的盘，看到它就会想起除夕夜那一桌香喷喷的年夜饭，那是游子羁旅在外的牵念，是指引他们回家的明灯。西晋张翰见秋风起，想到了家乡的菰菜、莼羹、鲈鱼脍，不禁感慨道："人生贵适志，何能羁宦数千里，以邀名爵乎？"继而便辞官回家了。这件原始瓷盘，同样承载着吴越先民浓厚的乡情。那碧绿的釉色，是江南阳春三月秀丽的青山；那一轮轮拉坯出的圆周，是清风在西湖上留下的圈圈涟漪。这里如此秀美又富饶，叫人怎能不忆江南？

这是一只原始瓷盖碗。它的造型简洁大方，似乎与今天的碗并无太大的区别。但粗朴的质感、古拙的装饰，仍提醒着我们它经历的沧桑。上面的小鸟已模糊不清，是岁月抚平了它的棱角；周身的纹路斑驳如雨点，那是泥土的剥蚀。没有俏丽的姿色，没有明艳的装饰，沉睡数千载的它有的是一种淡泊的美。

作品名称：原始瓷盖碗

年代：春秋（公元前 770 年～前 476 年）

规格：通高 12 厘米，口径 19 厘米

坐忘斋藏

作品名称：原始瓷钵

年代：战国（公元前 475 年～前 221 年）

规格：通高 11.6 厘米，口径 14.5 厘米

坐忘斋藏

早在新石器时代的裴李岗文化和磁山文化便有钵出土，此时的钵还是陶制。原始瓷钵则直到商周时期才出现。图中这种三足钵的造型，也可溯源至新石器时代的大亚湾文化，但又与大亚湾的彩陶三足钵有很大的不同。这件原始瓷钵的体形非常圆润，三足格外小巧，器口微微内敛，身上的竖棱纹好似太阳万丈的光芒。而甘肃省秦安县出土的大亚湾三足钵则有着夸张的侈口、较为细长的三足，且周身素净并无装饰。它们迥异的风格，反映着不同时代在实用与审美之间的各自倾向；虽有不同的侧重，却是一样的美。

作品名称：原始瓷盖碗

年代：战国（公元前 475 年～前 221 年）

规格：通高 11.2 厘米，口径 12.2 厘米，盖径 13.7 厘米，底径 7.7 厘米

萧山博物馆藏

这是一组战国时期的原始瓷盖碗。虽施有黄色青釉，但由于土壤侵蚀，碗身的釉已所剩不多，唯有盖顶部分釉色仍旧滋润光泽。盖子的设计比较有趣，聪慧的古人或许察觉到了什么，在传统的桥形纽旁又设一小洞，十分奇特。

作品名称：原始瓷勺

年代：战国（公元前475年～前221年）

规格：柄长5.1厘米，孔径1.6厘米，宽7.7厘米

萧山博物馆藏

时移世易，我们总喜欢缅怀过去，击中心弦的往往是那些执拗在记忆中的事物。就好比日日见到的一勺一碗，总会牵动我们关于舌尖的记忆，那是外婆的手艺，是妈妈的味道。这把原始瓷勺虽来自千年以前，但与我们今天所用的勺子并没有太大的区别。这就是文化的传承与共鸣。

这一对"兄弟"来自战国，它们一高一低、一胖一瘦。每个人头戴一顶扁扁的"瓜皮小帽"，身着一袭素净光溜的"贴身长衫"，宛若谦谦君子自画中缓缓踱步而来。它们蹁跹的衣角牵起岁月的浅尘，一轮轮拉坯的细痕似织物的纤维，微微透露着日下的余光。它们是战国贵族手中的爱杯，却未沾染那乱世的血雨腥风，只是静静地、慢慢地洞察着瞬息万变的世界，像参悟到了什么，竟那样地脱俗，那样地玄妙，那样地淡泊——以至于跨越了历史的长河，依旧超然于物外，仿若今人手中冒着白雾、热乎乎的茶杯，在残冬中亦给予人无限的慰藉。

作品名称：原始瓷盖杯

年代：战国（公元前475年~前221年）

规格：通高10.8/8厘米，口径12/12厘米，底径7.5/5.5厘米

坐忘斋藏

作品名称：原始瓷匜

年代：战国（公元前475年～前221年）

规格：通高8厘米，直径18厘米

坐忘斋藏

为什么要写它呢？因为它真的很可爱。你看那翘起的小把柄，像不像一条俏皮的小尾巴在讨乞你的爱怜？那与小尾巴大小悬殊的胖身体，圆滚滚的肚子里一圈圈的水波纹，看来真是喝得太饱了！从实用角度来看，这把匜的设计似乎并不十分合理，这么纤细的手柄怎能承受得住如此饱满的身体？但仅当作艺术化的礼器来欣赏，则笨拙可爱得像游弋在春天溪流里的大蝌蚪。是啊，它是用来盛水的，它这是要扮成蝌蚪潜伏入水，瞒过那河中的神灵，偷得一碗神水吧！

喏，这就是那神秘的来者！它是顽皮的，也足够孤傲。它规避了文字的记载，逃离了对青铜器与玉器造型的摹仿，甚至抹杀了千年历史对它的所有回忆，留给今人的仅是猜测。它上下贯通，上面的孔是圆的，下面的孔是方的。那上口沿外侧的"S"纹分作两排，有序地环绕了一周；下方亦饰有"S"纹，却仅有一排。如此地不对称，它想要表达什么呢？众所周知，中国古人的宇宙观是"天圆地方"，这"圆"与"方"既表现在外形，亦呈现在"道"上。《大戴礼记·曾子天圆》中记载："参尝闻之夫子曰：天道曰圆，地道曰方……"可见，圣人孔子便已了悟到"天圆"与"地方"是天与地运动的轨迹。古人还认为"天为动，地为静"，大抵是看日月从天上滑过，地面却纹丝不动的缘故吧。这件不愿透露身世的神秘来者，或许便代表着古人对天体宇宙的认识吧。"上圆"象征天，"下方"象征地；上面的双重"S"纹象征着活跃与变化，下面单一的"S"纹表示着永恒与稳定。当然，这也仅是我们的猜测，它依旧是最神秘的那一个。

作品名称：原始瓷无名器

年代：战国（公元前 475 年～前 221 年）

规格：高 7.3 厘米，直径 12.2 厘米

坐忘斋藏

作品名称：原始瓷三足罐、原始瓷直口罐

年代：战国（公元前475年~前221年）

规格：通高6厘米，口径4厘米，底径5.5厘米（肩塑小鸟）

　　　通高7.5厘米，口径6厘米

坐忘斋藏

说的就是你们，怎么能同为原始瓷罐、却又如此任性？一个撇着小短腿歪歪地站着，另一个挺直了脖颈直挺挺地立着。那俏皮圆滚的小鼓肚上塑的是飞鸟展翅状的双系，它的梦想是大鹏展翅，击水三千，"抟扶摇而上者九万里"；而那端庄宽厚的直口罐，则身披静静流淌的水波纹，原来它志在逐水，意在"乘白鼋兮逐文鱼，与女游兮河之渚"。它们都是古人的化身。昔日女娲抟土造就了性灵所钟的人类，人类又将性灵抒之于泥土，分它一杯羹，于是这泥娃娃也有了个性，有了梦想。如今古人已逝，它们却完好至今；古人信手拈来的创造，却令其性灵得以永恒。

作品名称：原始瓷矩形币

年代：汉代（公元前 206 年～公元 220 年）

规格：长 7/6/5.5 厘米，宽 4.2/3.5/4.3 厘米，厚 0.6 厘米

坐忘斋藏

随着以物易物不再能够满足人们对生活资料的需求，人们考虑利用一种媒介来实现等价交换，于是，最早的钱币诞生了。最早被用作钱币的是自然的馈赠——贝币。这种钱币玲珑小巧，便于携带。而随着冶炼工艺的出现与发展，铸币逐渐取代了贝币，并成为占据中国千年历史的新币。不论古今，货币都象征着财富，对于"视死如生"的古人来说，不仅生前要拥有，死后亦不可无。图中这三块矩形的原始瓷"片"，并非碎片，尽管它不似铸币般规整，却也被饰以了简朴的装饰"席纹"。这种不同于金属币的原始瓷币，是被用来随葬逝者的冥币。它既是生者为逝者在另一个世界准备的财富，也寄寓了生者对于已故亲友在彼岸依旧能够丰衣足食的美好愿望。

作品名称：原始瓷博山形币

年代：汉代（公元前206年~公元220年）

规格：高3/2厘米，底径6.7/5.7厘米

坐忘斋藏

这两件圆形原始瓷"片"同样是汉代人用来随葬的冥币，不同的是，它的造型更加精致（其中大币底部刻有铭文），透过凹凸不平的手感传达给我们的是千年前古人的世界观。博山，与蓬莱、瀛洲并列为三大仙山。这原始瓷币表面的凹凸，刻画的便是这座在氤氲云烟中若隐若现的仙山。它的造型与汉代始创的博山炉的炉盖十分相似。汉代的博山炉的炉盖亦是山形，却往往做得更为峭拔，在缭绕的山岚上面，往往还蹲坐一仙人形象。宋人《事物纪原》中记载："《武帝内传》有博山香炉，西王母遗帝者。"那西王母送与武帝的并非香炉，这传说亦不必细究其真伪，我们只需知道这博山炉寄寓着汉代帝王将相对永恒的思考，即使他们人生的时钟停止在始料未及的某一刻，谁又知他们是否真的羽化升仙了呢？

5. 仿生世界

　　走进原始瓷的世界，你就仿佛走进了远古江南奇异的动物乐园，因为那里的动物数不胜数，那里的自然奥妙神奇，观之，足以令你眼花缭乱，乐不思归。江南气候宜人，植被茂盛，水网密布，既有天上飞的小鸟、猫头鹰，地上跑的牛、狗、羊，还有水里游的鱼、蛇，更有很多想象出来的造型诡异的奇神怪兽。它们曾陪伴古人生活，也是古人的精神图腾，又被装饰到原始瓷器上，起到祈福、驱邪的功用。

原始瓷器局部

汉代原始瓷猫头鹰盖罐

原始瓷器局部

原始瓷器局部

原始瓷器局部

原始瓷器局部

原始瓷片

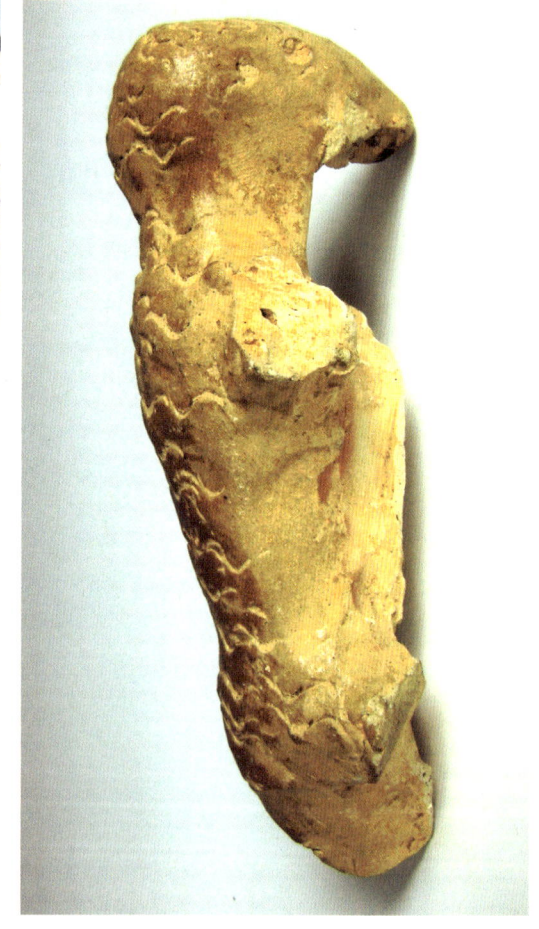
原始瓷片

后记

王海霞　中国艺术研究院民间美术研究中心
　　　　主任、研究员

《图说中国非物质文化遗产·中国最美》丛书第一辑（十卷本）自2013年出版以来，得到了社会各界的广泛好评，并被国家新闻出版广电总局纳入了"经典中国国际出版工程"项目，相继出版了中文繁体版、英文版、日文版和俄文版，令我们编创人员受到了莫大的鼓励。2015年，我们又出版了丛书第二辑（八卷本）。我想不是因为这套书的水准有多高，而是我们国家在经过了多年的非物质文化遗产保护宣传和实践后，非物质文化遗产的理念已经深入人心，社会各界十分渴望了解中国非物质文化遗产的相关知识。这套小书被热捧，就是一个证明。即将出版的丛书第三辑（八卷本）是在延续第一辑、第二辑出版成果的基础上编创的，包括了窗花、传统印染、马勺脸谱、擦擦、民族服饰、纸笺、荷包与肚兜、原始瓷。我们深知这几本小书所呈现的只是博大精深的中国非物质文化中的一小部分，但我们希望有机会介绍更多的优秀的非物质文化遗产，让社会各界和国际友人了解中国传统文化的大美，这也是我们对中国非物质文化遗产保护和宣传所尽的一份责任。

中国改革开放三十余年，经济上获得了极大发展，但由于西方强势文化和现代化、全球化、商业化的影响，中国传统文化受到了前所未有的冲击，很多依靠口传心授的传统手工艺术和技艺陷入濒危的境地。传统节日逐步被人们淡忘，相反，西方的圣诞节、情人节却十分受捧。传统技艺在年轻人中很难找到愿意学习的传承人，青少年与传统文化和艺术的隔膜变得越来越深。面对这种情况，我们需要更多的优秀读物来介绍和推广传统的文化艺术，不能让我们的青年一代远离我们祖宗的文化。

自2003年我国启动非物质文化遗产保护工程以来，至今已有十四年了。政府提出了"整体性保护、文化生态保护、生产性保护、数字化保护、抢救性保护"等多种建议，并出台了多种保护措施。在国际上，随着联合国教科文组织倡导的文化多样性保护工作的开展，越来越多的外国人士也开始了解和喜爱充满魅力、历史悠久的中国传统文化。我们的保护工作也在全面推开的同时，进入了一个向纵深发展和个案调查的阶段。如何让我们的民众了解我们的非物质文化，让世界各国看到我们的传统文化之美？我想，我们首先要把那些优秀的民间艺术进行一番梳理，进行系统的整合，然后以既有工艺造之美，又有艺术形式美感的民间工艺美术为切入点，编辑一套最能体现中国文化之美和中国非物质文化工艺特色的丛书，让人们看到它、了解它、爱上它。我们深信，中国民间艺术的魅力是无穷的，它优美的造型，绚丽的色彩，夸张写意的表现，随心所欲的创造力及其所蕴含的深厚的人文精神，加上它独具匠心的制作工艺，都会让我们陶醉不已。这套丛书，就是我们奉献给广大中外读者的一份礼物。我们希望读者尤其是青少年读者能够由此充分了解我们民族民间文化中的"中国最美"。我们也希望能够抛砖引玉，让身为读者的您来告诉大家还有更多的"中国最美"。

《图说中国非物质文化遗产》丛书编委会

王海霞　王开元　马书林　徐艺乙　吕　霞　吕品田　陈志民

主　　编／王海霞
副 主 编／邰高娣

丛书策划／王开元
　　　　　向　冰
责任编辑／靳冰冰
文字编辑／张　韵
整体设计／向　冰
　　　　　龚　黎
　　　　　吴　思
技术编辑／李国新

图书在版编目（CIP）数据

原始瓷／贾薇著. —— 武汉：湖北美术出版社，2018.11
（图说中国非物质文化遗产·中国最美／王海霞主编. 第三辑）
ISBN 978-7-5394-9084-7

Ⅰ. ①原…
Ⅱ. ①贾…
Ⅲ. ①原始瓷器—介绍—中国
Ⅳ. ①K876.3

中国版本图书馆CIP数据核字（2017）第140392号

出版发行：长江出版传媒　湖北美术出版社
地　　址：武汉市洪山区雄楚大街268号湖北出版文化城B座
电　　话：（027）87679520　87679521　87679525
传　　真：（027）87679523
邮政编码：430070
网　　址：www.hbapress.com.cn
电子邮箱：hbapress@vip.sina.com
印　　刷：武汉精一佳印刷有限公司
开　　本：787mm×970mm　1/16
印　　张：5.25
版　　次：2018年11月第1版　2018年11月第1次印刷
定　　价：58.00元